If I Hold You In My Teardrop

Hosain Mosavat

If I Hold You In My Teardrop

This book is written to provide information and motivation to readers. Its purpose is not to render any type of psychological, legal, or professional advice of any kind. The content is the sole opinion and expression of the author, and not necessarily that of the publisher.

Front cover by Judy Mosavat
Back cover by Hosain Mosavat
Calligraphy of Hosain Mosavat's name by Aydin Cayir
Calligraphy by Hosain's mother,
    writing poems of her favorite Persian poets

Copyright © 2019 by Hosain Mosavat

All rights reserved. No part of this book may be reproduced, transmitted, or distributed in any form by any means, including, but not limited to, recording, photocopying, or taking screenshots of parts of the book, without prior written permission from the author or the publisher. Brief quotations for noncommercial purposes, such as book reviews, permitted by Fair Use of the U.S. Copyright Law, are allowed without written permissions, as long as such quotations do not cause damage to the book's commercial value. For permissions, write to the publisher, whose address is stated below.

Printed in the United States of America.

ISBN   978-1-64552-003-0   (Paperback)
ISBN   978-1-64552-004-7   (Digital)

Lettra Press books may be ordered through booksellers or by contacting:

Lettra Press LLC
18229 E 52nd Ave.
Denver City, CO 80249
1 303 586 1431 | info@lettrapress.com
www.lettrapress.com

Zain
Mosavali

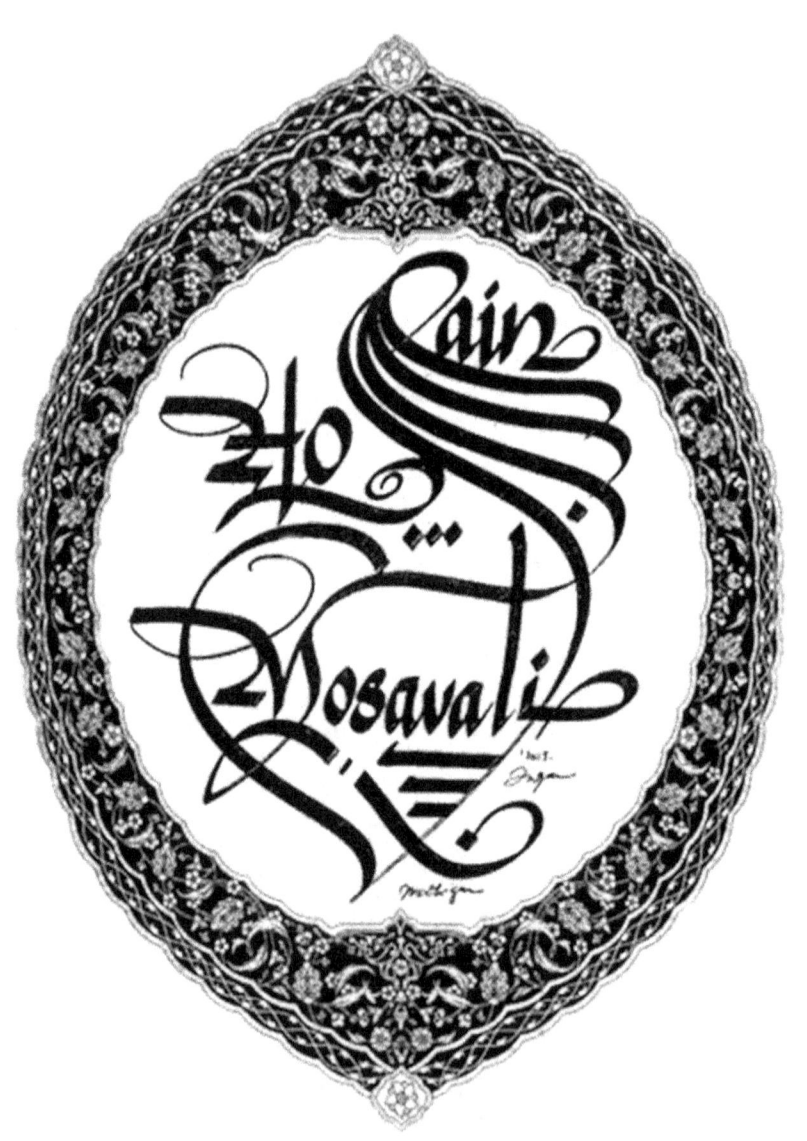

If I Hold You In My Teardrop

Hosain Mosavat

Contents

Autobiography 13
A Tribute to My Mother 17
The Story of Motherhood 19

The Poems:
Tonight everyone is love 21
I feel gr-r-r-r-ea-a-at today! 23
Go wild and crazy 25
You have been crazy all your life 27
A wild heart 29
I hear the drums beating 31
I will never be sober again 33
This music has erupted me 35
Why should I tell you any of my secrets? 37
You took my youth 39
Put your cheek next to mine 41
Wireless is a new invention 43
This world has surprises for you every day 45
I need a million years to say this 47
A vast heart 49
I tried to write about loving 51
You're there 53
Before love 55
The only reason I have not stopped loving you 57

Like lighting one candle	59
The only time I sacrifice a full moon	61
Sun, moon and me . . . three friends	63
If water drowns you and fire burns you	65
You run to the edge of water	67
You are angry at the mountain	69
Why is your heart empty?	71
When you sell your soul	73
You have dug enough dirt in your life	75
Don't kiss me without kissing yourself	77
The only difference between you and a flower	79
I love the rain	81
Who is the owner of this heart of ruins?	83
Don't make your moments shallow	85
From the deep ocean	87
Why is it that the moon only dances and shines at night	89
All wanting disappears	91
Most of my life I lived mechanically	93
You have been hiding for so long	95
Close your eyes	97
The other day I was talking to God	99
There is no shame in love	101
Going home	103
Now that you know the difficulties of being human	105
Merging and deepening	107
Among the willows	109
Since I have seen your face	111
You moved an inch	113
There is a way of breathing	115

This heart of mine has been betraying me 117
There are so many stories of tears......................... 119
Last night a songbird sang a thousand tunes 121
This time I will dance with nothing on................... 123
Open any door 125
We are at the Lover's Inn 127
We're all brewed from the same grape.................. 129
At the edge of light... 131
Have you ever heard the sound of a teardrop 133
The most beautiful painting in the world 135
I saw you dancing last night................................. 137
These tears you see on my face........................... 139
Life is the most expensive commodity you have....... 141
Some trails I have traveled 143
I asked for one kiss 145
When I look at you 147
You are the one 149
Your gentleness resembles a falling tear................. 151
I kept whispering 153
I long for a song 155
Last night on my way to sleep 157
In a conversation 159
Those who do not know of love 161
If I hold you in my teardrop................................. 163
I bring my heart... 165
I have dawn in my heart...................................... 167
When lovers moan 169
The longest distance between two lovers 171
Speak to me from the heart 173
Some people climb mountains................................175

Be like birds 177
I can't do it all by myself 179
I have slowed down a lot.. 181
As my love grows greater.. 183
This is for those who have danced before us 185
For everlasting proof of my love 187
When I die and become dust 189
Don't move too quickly 191
Moments before I die.. 193
In closing.. 195

Autobiography

I was separated from my mother. You call it birth; I call it my first step to begin. I went on to grow out of diapers ~ no longer needed breast-feeding. Totally engulfed in toys and playing Hide and Seek. Hid from my parents to get away with things and sought knowledge of how not to get caught too often. Went to school, learned things ~ bad things, good things, in between things. When I finished high school, my father sent me to school in America ~ Ann Arbor, the University of Michigan. Learned things, began to realize that everything you touch is one step higher than just eating, sleeping and learning to get good grades. I began to realize that I have a space ~ not only to learn, but to teach. I taught poetry in Physics and Mathematics classes. I befriended small smart students and not-so-smart ones. And with some I carry the friendship even today.

All the above were engraved in me by the environment I grew up in. My mother was the center of it all, my father was the protector and my friends supported me. And I am indebted to them all for whom I have become. Today I am the collection of all who have loved me and taught me, fed me, sang to me, listened to my songs and put me to sleep at night, preparing me for a new day of breathing in the universe and breathing out friendship. This is my life, my story, my biography. I don't really care for details the details of the time of my birth, where I went to school, what degrees I had or what glories I went through. The real biography belongs to those who brought me to this earth and some day will take me from this earth.

برا

جمع آوری از ادبیات

شعرای قدیم

و

معاصر

بتاریخ

۷ دی ۱۳۳۹

جلد سوم چهارم

زینت مستشار

A Tribute to My Mother

I have included my mother's calligraphy on every facing page. She selected her favorite poems from her beloved Persian poets, for example, Rumi, Hafez and Saadi, and rewrote them in her own hand. It is beautiful calligraphy. It brings her presence into this book very clearly. It is her love and love of poetry that has brought me here, together with her essence. She will never be apart from me, even though she departed over thirty years ago. Those who know mothers will understand what my mother has meant to me. Seek your mother; appreciate the life she has given you. And never forget your father, who provided the space for your growth and endearment, for we're all what they made us. There are some who never knew their mothers or fathers. Replace their parenthood with your love and show them you will never be orphaned again.

با آن نگاه فتنه‌گر پرفسون خویش

افسانه‌ساز شاعر خونین جگر شوی

پرورده از شرارهٔ عشقت وجود من

عشقی که چون ترانهٔ باران پرغم است

عشقی که گرچه بهر من از توست یادگار

درد آفرین و بی‌ثمر و پر ز ماتم است

پاسی ز شب گذشته و خوابیدهٔ بستر

اما خیال روی تو خوابم ربوده است

The Story of Motherhood

With your own hands
    you carried me to where I am
With your lips
    you whispered me to sleep
You helped me to my first walk
My first laughter
    was at your face
My first word was 'Mother'

I am so sorry
    I was not with you to hear your last word
But that is okay now
I am playing the music you taught me years ago

My dear Mother
With your hands
    you are still carrying me today

برا

جمع آوری از ادبیات

شعرای قدیم

و

معاصر

بتاریخ

۷ دی ۱۳۳۹

جلد سوم چهارم

زینت مستوفی

Tonight
    everyone is love
We are all out of our minds

Destination
    is intoxication with our being
The host
    has become the guest

Tonight
    Gods belong to us

Drop your veils
Light up the candles
And start your belonging

Tonight
    We belong

باید بگریزیم و بیتی نه بمیریم

فرزانگی از شیوه عشاق بدور است

لب بر لب و دل در کف دیوانه بمیریم

پیمانه صد بوسه نمائیم لب ترا

پیمانه بگوییم و به پیمانه بمیریم

من در دل سرد تو و تو در دل گرمم

زیباست که در گوشه ویرانه بمیریم

مرغان گرفتار غم دانه ندارند

در دام بهم افتاده و بی دانه بمیریم

مأیوس

یک عمر بدر کرده بجز محنت دنیا نکشیدیم

شهدی نشد اندر دهن و جز غم و حرمان نخریدیم

در راه پر از حادثه و پر نشیبی که تو شد به یک روز

I feel gr-r-r-r-ea-a-at today!

I am in a biting mood
I want to bite a big chunk of you
    and chew you to little pieces of joy

Although I have yet few kisses left
    that is too harsh
    and will take too long

I want to engulf you
    until nothing of us is left
        on this plate of life

نخواه آن تن مرمر خوش تراش
در آغوش دیوی فتد در هراس

خدایا بجز یار مرا بشبهای تاریک و خاموش من
بلبهای سوزنده تشنه ام بدریاچه خشک آغوش من

نخواهش گرفتار اهریمنان
که از بهر لذت فدایش کنند
گل جاودان امید مرا
بصحرای پستی رهایش کنند

خدایا اگر نیستم در برش بشوق به گستر روز و شبش
دلم می طپد اینکه تنها شود خدایا ببوسی شبانگه بشر

غزلی در شب

دانش

مبادا زین بیم گشته مستانه بمیریم
خندیم بمرگ هم و مردانه بمیریم
سجده بخداجان خدایان و فانیست

Go wild and crazy
 like wild cherries
As long as you taste sweet
 you are God's fruit

گرچنان شاعر لطیفه سرای — دفع فرمود رنج بیماری

کرد اثبات این نظر گهی

نه ز نهداری است بیماری (از ابراهیم صهبا

قطعه

الا ای گرفتار چنگ زمانه — مثال ازرق رشی چنین جاودانه

به از موزن بود این قشر دز — ندانم در این نکته واقف تو یا نه

که تا نقشبندش به در دست محکم — ندانند خوب و بد هندوانه

(از رشید یاسمی

گریه ابر

ابر بر مرگ جوانان چمن زار گریست

همچو ماتم زدگان آمد و بسیار گریست

جامه اش نیلی از آن بود که ماتم زده بود

مرگ گل دید که در دامن گلزار گریست

همه دانند که بر طرف چمن خنده خوش است

You have been crazy all your life
It doesn't become you when you behave
Like ashes will never be able to behave like a tree

گر پاره شد ز مستی پیراهنم بجا بود
گر در محیط حیرت غرقم گناه من چیست
در کشتی وجودم عشق تو ناخدا بود
میخواستم که دل را از غم خلاص یابم
داغ جدائی آمد این آخرین دوا بود

غبار همدانی

راز دل

بی تو گر دستم بدامان گریبان میرسید
همچو گل چاک گریبان تا بدامان میرسید
زندگی ز آغاز چون جز نامرادیها نبود
کاش از آغاز عمر ما بپایان میرسید
در پریشانی دلم را خاطری مجموع بود
گر شبی دستم بر آن زلف پریشان میرسید
چاک گل بلبل گریبان میدرانیدی از غم

A wild heart
    cannot be reined home
Once it is out of the barn
    it will not return without the Beloved

A wild heart
    cannot be stopped
    from smelling every flower on the path

A wild heart
    can never stop laughing

A wild heart
    can never be caged or lied to

Go find one
Or better yet
    Be one

صحن بستان را نسیم بامدادی رفته بود

آتشی بر دل زدی بر گیسوانش ریختم
گوهر اشکی ز چشم اندر آن شب سفته بود

چشم جادو را که دو دیده در طرف چمن
برگ گل بود همچو عشق من شکفته بود

چند روزی ماند اینجا قصه‌ای آغاز کرد
تا نگه کردی (نفیسی) رفته بود خفته بود

استاد احمد سعید نفیسی

ناخدا

روزیکه کلک تقدیر در پنجه قضا بود
بر لوح آفرینش غم سرنوشت ما بود

روزیکه میگرفتند پیمان ز نسل آدم
عشق از میان ذرات در جستجوی ما بود

ساقی شراب شوقم دیشب زیادتر داد

I hear the drums beating
I also hear a gentle voice singing

My feet are keeping the beat with the drums
    . . . and my heart is gone

نام و ننگ

هر سو نگرم وحشت و جنگ است در اینجا
هر جا نگرم پای بسنگ است در اینجا

یک عمر در صلح و صفا کوفتم افسوس
ناموس بقا بسته بجنگ است در اینجا

دل غره به بیرنگی خود بود و ندانست
چشم همگان خیره برنگ است در اینجا

با فلسفه و دین بحقیقت نرسیدیم
زیرا که کمیت همه لنگ است در اینجا

رفتم که شد ار در میخانه بگیریم
گفتند میا قافیه تنگ است در اینجا

ترسم که در این تشنه هم ابتر نغمه بخوانند
کار بجران باد بچنگ است در اینجا

سرمایه پژمان بجز این نام نکو نیست
این نام نکو مایه ننگ است در اینجا

پژمان بختیاری

I will never be sober again

Whoever kissed me yesterday
     will come back
     and pour more wine in my veins
And her lips will never leave my soul again

بشادی دل آمادی خرم چندان
در جام باده بچشم آیدم چو دریا نی

آرزوی مرگ (ابراهیم صهبا)

کی بسر سودای عمر جاودانی داشتم / منکه یاد مرگ را در زندگانی داشتم
مرگ تدریجی مرا از زندگانی سیر کرد / آرزوی یک بلای ناگهانی داشتم
با همه دردی که از او در دل تنگم نشست / شکوه‌ای گر داشتم از سخت‌جانی داشتم
آفت پیری چه خواهد کرد با حالم که من / آنهمه افسردگی را در جوانی داشتم
شرمسار از توام ای عشق غم پرور نبود / گر بلا و درد و حسرت آنچه دانی داشتم
گل نمی‌رقصد به آواز شورانگیز عشق / در چمن ار گرمی شور نغمه خوانی داشتم
سنگ از بی حسی خجلت گلبن می‌کشم / در گلستان نوروزی باغبانی داشتم
بر زبان هرزه گویان با چه همه قصه شد / گفتگوهایی که من با تو نهانی داشتم
غم ندارم بر لبم گر قفل خاموشی زدم / منکه دائم غصه از بی همزبانی داشتم

استاد ابوالحسن ورزی

This music
> has erupted me

This tear
> has cleansed me

This fragrance
> has taken me back to the time of roses

My breath has become fire
> and yet it is soothing to my soul

No grave can engulf me now

I burn anything that comes near

Be aware
> for I have become love

لیک داری تو با سخن تلخم / گرنه با جنگ با عدو داری
نیست معلوم ای برادر جان / که تو رو بر کدام سو داری
هست بر دشمنان گذشت ترا / لیک با دوست گفتگو داری
نیک دانم ز فرط خوشبختی / جای در تختخواب قو داری
این سعادت ببر گوارا باد / دوستان را اگر نکو داری
باری اوستاد فرش فروش / که بکف سوزن رفو داری
زان گلیم و پلاس تو نخرم / چون فقط تک رنگ رو داری
گرچه خورشید تیغ بام زند / باز چون بلبل هایهو داری
بیش از این خاطرت نیازارم / کاندرین شهر آبرو داری
نیست عیبی بکار تو جز این / که چنان فرش پشت و رو داری

(ابراهیم صهبا)

زندگی

همه میگن که غم خوردن جنونه / بزیر بار غم مردن جنونه
دیگه اینرا نمیگن خوش خیالون / که بی‌غم زندگی کردن جنونه

علی خداجو

Why should I tell you any of my secrets?

Not until you suffer from the same love

گله

مرا ندیده گرفتی ز پیش چشم برفتی
برو که یار وفادار خود ندیده گرفتی

ز تو عتاب شنیدم ز من فغان نشنیدی
ز دست تو گله دارم که دست من نگرفتی

بیاد روی تو هر دم چو عندلیب بنالم
از آنکه بینمت ای گل بروی غیر شکفتی

دلم بجور شکستی دل از تو وا نگرفتم
اگرچه مهر بریدی اگرچه چهره نهفتی

بمهر هرچه فزودم بجور و ناز فزودی
منت بدیده نشاندم تو ام ندیده گرفتی (عفت)

جمال زن

جمال زن نه همین زلف پر شکن باشد
نه عارض چو گل و غنچهٔ دهن باشد

You took my youth
      but forgot to take away my foolishness

Without a choice
      I have become a foolish lover

And that is all right

گذشت

عمر عزیز در غم کار جهان گذشت
عمری چنین به زحمت کار جهان گذشت

نیک و بد زمانه بهر صورتیکه بود
از بسکه تند رفت ندیدم چسان گذشت

جز استخوان نماند و جانم بلب رسید
یعنی بکار همتم از استخوان گذشت

مجنون صفت بدامن صحرای بیکسی
با پای لنگ ماندم و ایدل کاروان گذشت

باید چو باد آمد و چون ابر نوبهار
با اشک حسرت از سر این بوستان گذشت

چون بگذرد جوانی و از دل رود امید
از هستی دو روزه خود میتوان گذشت

امیر فیروزکو

آنروز

آنروز با تو بی غم چون و چرا گذشت
یک روز روزگار بدلخواه ما گذشت

این حالت از زمانه چو باور نداشتم
اندیشه سوخت جان من آنروز تا گذشت

Put your cheek next to mine
What harm would it do
    to put the soul of an old man on fire?

طوق قمری رنگ خنجر اوست گرد گردنش
بر سر ما هر بلا از آشنا افتاده است

هر چه میگوئی همان باش ای اسیر زندگی
واعظ از منبر بدامان ریا افتاده است

دل ببند هستی نبستم تا نگویم مدح خلق
سرو از آزادگی سر بر هوا افتاده است

حاسد از مهر و محبتهای ما گستاخ شد
بره از ترس بگرگان اغنیا افتاده است

درمیان بی‌هنرها میکشم رنج هنر
گنج در ویرانه افتاد و بجا افتاده است

هر چه شب تاریکتر تابنده‌تر باشد سهیل
از حسادت بر زبانها نام ما افتاده است

هر که دارد حرص کسب زور و زر غیر از امید
همت عالی بپای بیزرا افتاده است

معینی کرمانشاهی

Wireless is a new invention
    that is catching on like wildfire

I do not think that is a new invention

I have loved wirelessly all my life
    with free and unlimited connections
        even during business hours

And only God knows
    how wireless I could go
        on the weekends

آنکس که ترا گفت که با من ننشینی

من زنده و تر دامن و بدنام عجب نیست

با من و گر از پاکی دامن ننشینی

بزم طرب و زمزمهٔ چنگ چه خوبی

ملکی تو که بی ناله و شیون ننشینی

ملکی سرکانی

دیوار شکسته

ای گل چه کشی پا ز من زار شکسته

خوش باش که در پا نرود خار شکسته

بر حال من خسته مکن دست حمایل

تا من نکنم تکیه به دیوار شکسته

بر بستن پیمان محبت که گواهند

آشفتگی خاطر و رخسار شکسته

خم گرده چنانم که چو از پای درآیم

This world has surprises for you every day

If you hold true to your soul
      and what is brewing inside of it
You will be a surprise to the world

چرا باشد سخن خوشتر ز قندت
تو باشی یا فرشته ز آسمانها
چو بینم جلوه در نیلی پرندت
لبت بخشد شفا درد دلم را
دگر خود واقفی و این دردمندت
(ادیب) از نیش غم تا چند نالد
پس است ای نازنین از نیشخندت

ادیب برومند

سوخته خرمن

تا کی بغم ای دیده روشن ننشینی
با من ز بد آموزی دشمن ننشینی
چون برق زنی بگذری ای آتش سوزان
یکدم بسر سوخته خرمن ننشینی
امیدم هرگز بدل خوش ننشیند

I need a million years to say this
    but I am sentenced to this one life
So listen carefully . . .

There is no future
    and there is no past
        not even the present

There is only this breath
Make it a fresh one

الموموم : احساسات ایرانی

الغربال : سقف خانهٔ فقرا

الحروس : رعیت معمولی ده نشینان

فولکلور شیراز

احمد زرفروش زاده

بهار اومد و گلها چیدنی شد — لبون دخترون بوسیدنی شد
لبون دخترون مثل ترش دمینگک — بسوغات بزرگان دیدنی شد

لب آب روون وسایه بید
چشم بر چشم یار افتید و خندید

دعا از من بدلبر میرسونین — دلی کز دلبری رنجید رنجید
بیا ور بون بیا ور گوشه بون — بیا با هم ببندیم عهد و پیمون

کلام الله بیار تا هم قسم شیم
بیا تا جا بلیم گردیم پشیمون

به پشت خونه دلبر رسیدم — ز از درد دلم آهی کشیدم

A vast heart
    is my hermitage

Listening to an evening rain
    is my music

If one comes to visit
    and asks of the future
A tranquil heart is all I can offer

با نگار مهوشی در دشت تنها سیر گل

خوش بود ایام عید و ماه زفصل گل

از غزل ((مژده عید)) اثر اکرم شب بیدار (خارک)

امشب ز هجر یارم شب تا سحر نخوابم

چندی ز پیش یارم کس را خبر نیاید

از غزل ((از دست رفته)) اثر: س افراسیابی شیراز

فرهنگ روزنامه خوانندگان

النظافه : حمامهای ایرانی

التونل : بازارهای ایرانی

الفاسد : قلب بشر

الرایج : سکه دشنام

العطر : بوی عرق بدن

المعبود : طلا و نقره

الخالی : جیب مردم

I tried to write about loving
My pen would not write
Could not find the right words

So I sat quietly and cried
    with a smile on my face

المومو : احسـسـت ایرانی

الغربال : سقف خانهٔ فقرا

الخروس : ساعت معمولی ده نشینان

احمد زرفروش زراز

فولکلور شیراز

بهار اومد و گلها چیدنی شد   لبون دخترون بوسیدنی شد

لبون دخترون مثل رس دمیخک   بسوغات بزرگان دیدنی شد

لب آب رودون و سایه بید

چشم بر چشم یار افتید و خندید

دعا از من بدلبر میرسونین   دلی کز دلبری رنجید رنجید

بیا در بون بیا در گوشهٔ بون   بیا با هم ببندیم عهد و پیمون

کلام الله بیار تا هم قسم شیم

مبادا جاهلیم گردیم پشیمون

به پشت خونه دلبر رسیدم   ز راز درد دلم آهی کشیدم

You're there
>   when you forget to eat
Instead you're whispering to roses

You're there
>   when a wink in a gesture of love
>   >   lasts you a lifetime

You're there
>   when you keep forgetting to say good-bye
Instead say 'hello'

با نگار مهوشی در دشت تنها سیر گل

خوش بود ایام عید و ماه نو فصل گل

از غزل «مژده عید» اثر اکرم شب بیدار (خارک)

امشب هجر یارم شب تا سحر نخوابم

چندی ز پیش یارم کس را خبر نیاید

از غزل «از دست رفته» اثر ... افراسیابی شیراز

فرهنگ روزنامه‌خوانندگان

النظافه : حمامهای ایرانی

التونل : بازارهای ایرانی

الفاسد : قلب بشر

الرایج : سکه دشنام

العطر : بوی عرق بدن

المعبود : طلا و نقره

الخالی : جیب مردم

Before love
> I did not know who I was

After love
> I did not care who I was

در شهر شدی شهره ز شوریدگی ما
با عاشق شوریده صفا جوی و وفا کن
آنجا که ز گرداب جنون نیست رهائی
بخت زده‌ای را ز غم و بند رها کن
با گریه بگفتم مه من وصل تو خواهم
خندید که ترک سخن بی پر و پا کن
با پای پر از آبله اندر ره مقصود
ما راه سپاریم و تو ای خضر دعا کن
ما رخت از این ورطهٔ پندار کشیدیم
ای فتنه برو جای دگر فتنه بپا کن

The only reason I have not stopped loving you

is because I have not found anything

better than love

سوز دل

سوز اگر از دل نباشد در دلی مشکل نشیند
آری آن سوزی که برخیزد ز دل بر دل نشیند
اشک اگر با سوز دل باشد چو مجنون خاک ره را
گل کند آنسان که لیلی ناقه‌اش در گل نشیند
عشق تو آتش برفروزد خرمن هستی بسوزد
در سر هر کس که این سودای بی‌حاصل نشیند
سر نهد مجنون صفت در کوه و صحرا و بیابان
گر خدنگ عشق خوبان در دل عاقل نشیند

از دکتر قاسم رسا

Like lighting one candle
with another candle

I kiss you

قلب کوه

نازنین یارم که دیروز از سفر برگشته بود

تا ز در دیشب درآمد من ز خود بیرون شدم

دانه لعلی ز بهرم ارمغان آورده بود

با خوشی بگرفتم و آن لعل را ممنون شدم

سوی آن جرم درخشان چون نگاه انداختم

حال او دریافتم یکباره و محزون شدم

گوئیا میگفت: من بودم دل سنگین کوه

ز آتش مهر رخی تابنده آخر خون شدم

ابوالقاسم حالت

The only time I sacrifice a full moon
is when I am looking at you

طالع شوم ز چاک گریبان روز حشر
چون قرص آفتاب بسیمای سوختن
روزیکه خلق ز آتش دوزخ حذر کنند
من دامنت بدست تمنای سوختن

الله کرد گشتهانی

امید رهائی

ای بگرداب بلا افتاده از بیم حوادث
نیست امید رهائی با چنین بی دست و پائی

پیروز

بعد از هر چه بود

دیدم ترا بهره آنکس هراز آن تست
آنگاه انتظار عبورت مرا نبود

Sun, moon and me . . . three friends

At night
    moon shines my heart
Daytime
    sun warms my soul

And I
    in days or nights
Offer my adoration and absolute obedience

Isn't this what friendship means?

فنا گشتم در این چرخ به آخر بجز از من دیگر نام و نشانی

ایرج اذر واحد

قصه سوز

دیگر بجا نمانده مرا جای سوختن

میائی از چه رو بتماشای سوختن

عشقت همیشه پای مرا در میان کشد

هر جا که در میانه فتد پای سوختن

پروانه پر بسوزد و من پا تا بسر

ای شمع نبودم ز تو پروای سوختن

امروز در شرار دل خویش سوختیم

دیگر مگو ز قصه فردای سوختن

If water drowns you and fire burns you
    you are normal with the usual affairs of men

If water burns you and fire quenches your thirst
    you have reached the ultimate state of being

When tears of love are so intense
    they roll down your face like a roaring fire
And when you are immersed completely in love
You can drink fire to quench your thirst
    for being one with all

My dear one
Let us catch fire
    with our next breath

تکیه بر عشق هوسباز جوانان مکن

که بغیر از هوسی نیست در این بوالهوسان

سوخت بیچاره هلالی ز جفاهای رقیب

دارویش وصل حبیب است خدایا برسان

هلالی جغتائی

گمشده

گل بآسمان بامدادی که همه ستارگان خود را گم کرده است

بانگ میزند من شبنم شفاف خود را گم کرده‌ام

تاگور

بوسه

در دو چشمش گناه میخندید بر رخش نور ماه میخندید

در گذرگاه آن لبان خموش شعله سست آه میخندید

You run to the edge of water
    and come home dry
You fall in love
    yet you hold back

Can you paint without paint?

Come . . . jump
No amount of safety
    will protect you from love

دختر ساری

پرستوی قشنگ شهر ساری دلم را میبری با بی قراری
عجب افسونگری و شوخ و طناز بده یک بوسه بر من یادگاری

مجهول

پند

ای پریچهره من چند نشینی بکسان
دامن چون تو گلی حیف که گیرند خسان
ماه من چند باغیار کنی هم نفسی
تیره شد آینه حسن تو زین هم نفسان
پیش هر سفله بشیرین سخنی لب مگشای
شکرستان تو حیف است بکام مگسان

You are angry at the mountain
    because you are getting old and too weak to climb

You must wake up to the truth
    and know that mountains
        will not know how to bow before you

It is you who must bow before the truth
    to accept
    not to blame

دیگر از عشق و درد و غمت بتنگ آمد دلم

میروم تا دل دهم بر روی دلدار دگر

شهیر اصفهانی

ترانه‌ها جنون

هزارون درد در سینه نهونه　　یکی درد (دل) نامهربونه

در این دنیا بدونید ای عزیزون　　کسی شد که پابند جنونه

غم

اگه از سینه‌ام غم سر درآره　　سرشک درد از چشم بباره

نمیگردم بدور شادی خویش　　که دل دلبسته غمهای یاره

خون غم

خوش آن دل که از شادی بدوره　　ولی با خون غم خوردن صبوره

Why is your heart empty?

Didn't you hear the thunder?
Didn't you feel the wind whispering freshness?
Didn't the sunshine start your day?
Didn't the sunset brush your story with enough colors?
Didn't it . . . ?

یار پیمان وفا را چون بجا می‌نشکند

عهد این پیمان‌شکن یعنی شکستن چرا

خوبرویان عاشق دلخسته را سیم و زرند

بهر این حق ناشناس از جان و دل خستن چرا

اینهمه از مهر مهرویان سخن گفتن خطاست

انکه قدر دل نداند دل بر او بستن چرا

ابراهیم صهبا

میروم

میروم تا سر نهم در پای دلدار دگر

میروم تا برگزینم بهر خود یار دگر

—

When you sell your soul
    then who will quiet you?

Like a garden without flowers
Who will take you in for a companion?
Who will offer you as a gift?

When you sell your soul . . . .

دیگر از عشق درو غمیت تنگ آمد دلم

میروم تا دل دهم بر روی دلدار دگر

شهیر افغانی

ترانه‌های جنون

هزاران درد در سینه نهونه   یکی درد (دل) نامهربونه

در این دنیا بدو نیدای نیفوزن   کسی شد که پابند جنونه

غم

اگه از سینه‌ام غم سر درآره   سرشک درد از چشم بباره

نمیگردم بدور شادی خویش   که دل دلبسته غمهای تاره

خون غم

خوش آندل که از شادی بدوره   ولی با خون غم خوردن صبوره

You have dug enough dirt in your life

Isn't it time
    for you to plant something sweet
        and share it?

یار پیمان وفا را چون بجا می نشکند
عهد این پیمان شکن یکعمر نشکستم چرا
خوبرویان عاشق دلخستهٔ سیم و زرند
بهر این حق ناشناس از جان و دل خستم چرا
اینهمه از مهر مهرویان سخن گفتن خطاست
آنکه قدر دل نداند دل بر او بستم چرا

ابراهیم صهبا

میروم

میروم تا سر نهم در پای دلدار دگر
میروم تا برگزینم بهر خود یار دگر

Don't kiss me without kissing yourself
If you come from not kissing to kissing me
    you have missed the most important part of life
        which must begin in your heart
Your lips are only a messenger

ترازنده مجلس و بزمگاه

نوازنده چنگ در چنگ شاه

بفرمان شه چنگ را ساز کرد

در درج گوهر ز لب باز کرد

که از شادی امشب جهان نوشیست

همه شادی از دولت خسروی است

بهنگام گل خوش بود روزگار

بخندد جهان چون بگرید بهار

کنیزک چینی چون شاه را دربند عشق خود یافت زبان

به تعریف خود گشود

The only difference between you and a flower
is that a flower has only one Spring
and you have many

ز بهر درم تند و بدخو مباش

تو باید که باشی درم گو مباش

اسکندر وقتی از مغرور و سرمست از جهانگیری شد

خواست شبی را با یکی از زیبایان چینی خوش باشد

و از دست وی شراب بنوشد

بتی فرق و گیسو بر آراسته

مرادی بصد آرزو خواسته

لب از ناردانه دلاویزتر

زبان طبرزد شکرریزتر ،،

دهانی و چشمی باندازه تنگ   یکی راه دل زد یکی راه جنگ

I love the rain
It hides my sadness
It cools my burning heart
What I am not able to say
    it speaks for me

I love the rain
With the pouring rain on my face
    not a soul will see my pouring tears

Till the next rain
I will be silent

چون یادها ز صفحهٔ خاطر نرفته‌ای　　تا من ترا چو گریه نهان در گلو کنم

چون نغمه دل به ناله اسیرم نبسته‌ای　　تا با خیال روی تو گفتگو کنم

در چشم من چو نیستی از پاکدامنی　　دیگر چرا دو دیده بخون شستشو کنم

مهین معتمدی

غم تو

هرگز بعمر جز غم تو هم نداشتم

هرچند کز تو هم دل خرم نداشتم

از درد و سوز و حسرت و غم در بساط عشق

دل هرچه خواست داشتم و کم نداشتم

یاد تو بود و اشک من و آه سینه سوز

دیگر چه بود آنکه فراهم نداشتم

Who is the owner of this heart of ruins?
Is it not time to come home
    before the walls crush this lonely occupant?

No windows left
No door standing
When it rains
    it rains on the inside, too
When there is wind on the outside
    there is a storm inside
And when it is calm
    no life inside
    and sunshine no longer walks in

The one who owns this ruins ~ that one
    must come home very soon
    before there is nothing left to come home to
Come home soon
    If you can
    If you can
Soon . . .

مگر به گردمت گشتم فدائی و وفادارت

چه راه و رسم تو با ما خلاف عهد و پیمان شد

تو پنداری چه با اشک روان شستم اگر رخ را

به درد اندرون من سرشک گرم درمان شد

چنان عشق غیرت دربدر کردم که تا آخر

سر و کارم چو مجنون با خس و خار بیابان شد

نیر ط

یاد ها

ز دل نرفته‌ای چه را آرزو کنم　　جز گوهرت به دیدهٔ تر جستجو کنم

بگرفته‌ای شراب ز دست بتی چو من　　در گوش دل حکایت تنگ سبو کنم

چون شمع لحظه‌ای ننشستی به بزم غیر　　تا من به دور خویش چو پروانه خو کنم

Don't make your moments shallow

The collection of these moments is your life

آنکو نکند راز خود از خلق نهان
گر راز تو نیز فاش سازد چه عجب

هر کس که فزون زیست در این دار عجیب
بیش از همه کرد روزگارش تعذیب
وانکس که ز طول عمر برده است نصیب
بسیار نشسته بر دلش داغ حبیب

قصار حضرت امیر

رسوا

بیا جانا مرا آزار منما — مرا رسوای بر بازار منما
اگر خارم بچشمان تو خارم — مرا در چشم مردم خار منما

مهدی فام

From the deep ocean
    one finds an oyster
Cracks it
Then a pearl appears

From deep within
    a spiritual storm evolves
Crack your chest
    and a heart will appear
    which is more beautiful than any pearl

It is pure
It is the source of love
It gives you the light you need
    to see yourself with
It gives you an axe
    to chop down the make-beliefs
It puts you in touch
    with the breath of creation
It lets your eyes see
    beyond the veils
It lets your ears hear
    unspoken words
And finally
It guides your hand
    to within reach of infinity

You are that mother of pearl
    ready to be opened

آنکه بصداقت است بی پرواتر

در راه حقیقت است پا برجاتر

چون سرو کسی که راستی پیشه کند

هر لحظه رود مقام او بالاتر

آنرا که بود همت و انصاف خرد

بر خود پی راحت کسان رنج خرد

وانکس که بود حسود و خودخواه و زبون

از دیدن راحت کسان رنج برد

گر یار تو جام خواست از بستر لب

زو راز بپوش و رازداری مطلب

Why is it that the moon only dances and shines at night
    when everyone is asleep?
I need a moon that shines my life
    day and night

Yes, I know sun has to have its place too
But I can't see much
    with too much light and heat
That which blinds me, burns my flesh
    and on a long desert walk, fries me

All I need is
    a cool shade
    moonshine
    a friend
    a drink of intense love
        from a cup that has the reflection
        of every kiss I have ever exchanged

Do you hear me, God?
You claim omni-power
        omni-creator
        and omni everything else
What about giving me a little space
    to fit a permanent moon in my heart?

I know you can do it
I am open and waiting

طالع شوم ز چاک گریبان روز حشر
چون قرص آفتاب بسیمای سوختن
روزیکه خلق ز آتش دوزخ حذر کند
من دامنت بدست تمنای سوختن

از سرگذشتهای

امید رهائی

ای بگرداب بلا افتاده از بیم حوادث
نیست امید رهائی با چنین بی دست و پائی

پرویز

بعد از هرچه بود

دیدم ترا بهمره آنکس که از آن تست
آنجا که انتظار عبورت مرا نبود

All wanting disappears
      when you open
Needs are gone
Words get in the way

What remains is the purity
      which sparks us into a single flame

فنا گشتم در این چرخ بداختر   بجز از من دیگر نام و نشانی

ایرج اشرواحدی

قصه سوز

دیگر بجا نمانده مرا جای سوختن
می‌آئی از چه رو بتماشای سوختن
عشقت همیشه پای مرا در میان کشد
هرجا که در میانه فتد پای سوختن
پروانه پر بسوزد و من پا تا بسر
ای شمع نبودم ز تو پروای سوختن
امروز در شرار دل خویش سوختم
دیگر مگو ز قصه فردای سوختن

Most of my life I lived mechanically
Went to work, fixed things, ate and talked
    hardly listened

As my body mechanics slowly break down
    I am forced to give up
        most of the mechanical world
    And embrace the spiritual
        . . . infinite joy
        . . . infinite wisdom
        . . . infinite space

In this new world
My feet cannot carry me
    but my heart can fly
My eyes no longer can read at night
    but my heart can read all that is written
People used to hit me in the head before
    so I could stop and think

Now
One look is enough
    to make me tremble with joy or sorrow
Now
I do not just look at the stars
I am a hungry lion
    hunting for what is beyond the stars

ست کشیده‌ام زنی تا که نپرسد دلم
شاهد بازار من یوسف بازار کیست

هرچه ز او داشتم زنده بگورش کشید
گورکن زندگی در پی آزار کیست

خنده به لب سر دهم تا که نپرسد خلق
شاعر رسوای ما باز گرفتار کیست

بخت پریشان من زلف پریشان تست
زلف پریشان تو طره طرار کیست

سوز غمت آشنای دل بیگانه‌ام
داغ جدائی آشنا محرم اسرار کیست

You have been hiding for so long
The snow-capped mountains
    are showing the height of beauty
And rivers
    are ready to soak your body with sweetness

There are
    tall trees
    small trees
    and bushes
Oh yes, roses too

When you do come out
Be gentle
    for your first step will land on my heart
    and your second step will abolish my ego

Thereafter
We will walk together to visit
    orchids
    alligators
    mountain meadows
    and seagulls

If you do come out
    you will witness this blistering beauty of life

ای آشنای خفتهٔ من برخیز   بازم دگر مجال نگه بستیز

ای آشنای پرده‌نشین جانم   بنگر ز راه لطف بچشمانم

بنگر بچهرهٔ چو گل زردم   بشنو نوای خاطر پردردم

بشنو ندای قلب پریشانم   بهر خدا بیا که پشیمانم

عشقی که مظهر وفاداری نیست   سرچشمه‌اش ز دیدهٔ من جاریست

زقریم بجرم خوش الحانی   محزونم و فسرده و زندانی

آوای مرغ خسته بیا بشنو   وای دل شکسته بیا بشنو

کاین یک دو روزه عمر بسر آید   با کاروان زمان بسفر آید

ترا ز سهراب

یوسف بازار

دیدهٔ بیدار من طالب دیدار کیست   نرگس بیمار من باز پرستار کیست

Close your eyes
What you see is not real

Stop listening
Enough lies have been told

Come with me
      to where there are no words invented yet
          to tell the stories that are within us

We use vibration
      instead of words
We use love
      to see with
We use dance
      to gain wisdom
And travel toward the light to the end

هلال ابرو

تو زیبا رخ هلال ابرو چرائی سیه چشم و سیه گیسو چرائی
بسان سرو قد دلجو چرائی چو ماه آسمان هر سو چرائی

دارا مه ریاحی

بیا

بیا از دست هم ساغر بگیریم بیا تا زندگی از سر بگیریم
زمین پرپستی و قراری بیا در آسمانها پر بگیریم

از کریم هویدائی

ندیدیم

ز مهرویان وفا هرگز ندیدیم وفائی جز جفا هرگز ندیدیم
میان این همه خوبان طناز چرا آن بالابلا هرگز ندیدیم

از جمشید واقف

The other day I was talking to God

I said
'God, I am jealous of the roses
    for you made them more beautiful than me'

God replied
'You most ungrateful creature
I have planted infinite flowers in your heart
Go in and witness them'

I could not reply
Just cried

چشم خورشید ز انوار تو باشد روشن
گر که در قلب جهان گوهر دریا گشتی

ما اسیریم که بنشسته مه این کوی خراب
آخر ای مه تو بدین کو بچه سودا گشتی

من در این فکر که فردا چکنم با غم تو
چونکه هر روز تو ام قصه فردا گشتی

نهراسی از ستم خار چو از روی خلوص
به ره کعبه دل بادیه پیما گشتی

سخنم از یار بگو بار دگر ای سیمین
که تو هم چون دل من واله و شیدا گشتی

سیمین دخت وحیدی

There is no shame in love

No matter how badly you love
the worst of all loving
is still love

چیزی شبیه عشق

زنی پریوش کرا دوست دارم ایکه هنوز

مرا ندیده چو گلهای تازه دلخواهی

بگردم بسفر شهر خرابهای ترکیست

که خود چو سایه مرا جاودانه همراهی

....

براه خویش چو بینی مرا پریش و غمین

ز خود مپرس مگر راز غم نهانش چیست

اگر در آینه چشم من نگاه کنی

شود بچشم تو پیدا که دلربایم کیست

Going home
    like a horse going back to a barn
        will not get you there

You must go home
    like a sunset
        and come out like the moon

گل سرخ و سفید لاله بودم چمن تا پشت پا و گل تا زانو
همیشه پیش گل خوابیده بودم

گردآورنده صادق همایونی

ترانه‌های محلی مینودشت

تو که میری به چشمه گلک جن بصد ناز و کرشمه گلک جن
نمیای پیش مو چشم انتظارم قدمهات روی چشمه گلک جن

*

الا دختر که میری بالا خونه نمیدونم چی رد کردی بهونه
چه میشد شونه‌ای بودم به مشتت به زلفات میزدم هر لحظه شونه

رضا نعلی پیرافخاع

فخرالدین رازی

در رهگذرم هزار جا دام نهی گویی که کشمت اگر در آن گام نهی
یکذره زمین ز دام تو خالی نیست گیری و کشی و عاصیم نام نهی

Now that you know the difficulties of being human

Will you say 'Yes' to the joys of life when they knock?

آزاد شوی و برخروشی   مانندهٔ دیو جسته از بند

هرای تو افکند زلازل   از نیشابور تا نهاوند

وز برق تنوره‌ات بتابد   ز البرز اشعه تا بالوند

.....

ای مادر سر سپید بشنو   این پند سیاه‌بخت فرزند

برکش ز سر این سپید معجر   بنشین بیکی کبود اورند

بگرای چو اژدهای گرزه   بخروش چو شرزه شیر ارغند

ترکیبی ساز بی‌مماثل   معجونی ساز بی‌همانند

از نار و سعیر و گاز و گوگرد   از دود و حمیم و بخره و گند

از آتش آه خلق مظلوم   وز شعلهٔ کیفر خداوند

ابری بفرست بر سر ری   بارانش ز هول و بیم و آفند

Merging and deepening
Calm and powerful
    like a waterfall
Peaceful yet raging
    like a rose
       standing tall before a sunrise

These are the makings of love

تو قلب فسردهٔ زمینی — از درد ورم نموده یکچند

تا درد و ورم فرو نشیند — کافور بر آن ضماد کردند

شو منفجر ای دل زمانه — وان آتش خود نهفته مپسند

خامش منشین سخن همیگوی — افسرده مباش خوش همی خند

پنهان مکن آتش درون را — زین سوخته جان شنو یکی پند

گر آتش دل نهفته داری — سوزد جانت بجانت سوگند

بر ژرف دهانت سخت بندی — بر بسته سپهر زال پرفند

من بند دهانت برگشایم — ور بگشاید بندم از بند

از آتش دل برون فرستم — برقی که بسوزد آن دهن بند

من این کنم و بود که آید — نزدیک تو این عمل خوش آیند

Among the willows
    I feel peace in their shadows
        and the whispering leaves

Speak to me
    from the music of silence
    from unbelievable spaces
        where I fit between molecules
        at the same instant
        I contain the whole of the universe

And when I walk over the fallen leaves
    the rich history of humankind begins to speak

Then comes the Beloved
    and strips me out of all existence

Now I stand naked
    before the source of light
    in absolute surrender

برف و کرسی و نشاط مهتاب

زندگانی به زراندودی خواب

برگشودیم بروی پارو

سینهٔ کوه بان پرقو

سوز سرماست ولی با ما نیست

شور با ما که همه شیرینی است

یک نسیم سبج نادرویش

بسر و صورت ما میزد نیش

برف بر جا که گریبان زده چاک

سبزه برکرده سر از سینهٔ خاک

شهریار

Since I have seen your face
    I see love in every face

Since you touched me
    I feel grateful with every touch

And when it all ends
    I will have lived life as it was meant to be

سرگذشت بند عشرت آباد تهران

شب مهتاب و زلفش در ره باد

چه شد آن شب چه ماند از آن بجز یاد

فلکداد و فلکداد و فلکداد

ماد خراسانی

کوه .. و برف و شاعر

که پر برف جهان معنی است

اینهمه ذوق بهار ارزانی است

طفل بودیم و پر از عشق و امید

پشت و روی ورق سینه سفید

You moved an inch
    my whole life moved

Tell me
What would happen to my existence
    when you smile?

بزم

آراست بزم عاشقان را مهتاب
شمع و گل و ساغری پر از شراب
قربان شوم بر سه ده که امشب تا صبح
بر ما بخدا حرام میباشد خواب

هادی شکوه

غزل

مردم و بهره ور نشد یک نفس آرزوی من
رفتم و کس خبر نشد از من و خلق و خوی من
هر که گذشت از آبرو یافت کمال آرزو
آفت جان من بود دولت آبروی من

There is a way of breathing
>   In and out

There is another way
>   Breathe in love
>   Breathe out compassion

There is another way yet
>   A soul comes in
And infinite tears of inspiration come out

خواهم در آشیان رخت شکوه کم کنم
اما بشرط آنکه ز بیم ناز کم کنی

گرد حریم دل چو بعبرت کنی طواف
زان به که طوف کعبه و دیر و حرم کنی

خالی ز دوست در نظرم جلوه کی کند
هر چند وصف جنت و باغ ارم کنی

نقش وفا ز زوال نگیرد برآن بکوش
کاین نقش بر صحیفهٔ هستی رقم کنی

دمسردی زمانه نیرزد به آه «ادیب»
از روزگار شکوه چرا دم بدم کنی

ادیب برومند

This heart of mine has been betraying me
    ever since I understood love
It leaves me heartless
    just to follow every wink
        every smile
        every dance
Like a butterfly visiting every sweetness
          every laughter
    then comes back home
        deep in my chest
          to tell stories of love-making

I can't wait until my heart flies again
    to bring back new stories
        and promises of new laughter

برای تشنه کامان محبت چشمهٔ نوشم

فریب وادی خوشم سرابم میتوان گفتن

سراپا سوختم در آتش اندوه و جز اشگی

نباشد حاصل آهم کبابم میتوان گفتن

محمد کلانتری پیروز

عطر

فریب از چشم جادوی تو ریزد

ز گل عطر دو گیسوی تو ریزد

درون بسترم شب تا سحرگاه

پریشان طرهٔ موی تو ریزد

از غروب

There are so many stories of tears

In fact, the other day
I came across one tear that I have seen before
    and feels much familiar to me
A tear of friendship
    who put me in touch with myself

It intensifies my feelings
It amplifies my music
And lifts me
    so that at times
    I no longer touch the earth
    and I become truly a part of my own being

That tear is a friend of mine
    who invites me in
    and lets me out
    at the same time
It lets my insides flow to the outside of me
    without any barriers
And all lights are bright
And all is well
Forever

Dig deep
Sit and witness it
And if you are quiet long enough
    your eyes will also be wet and overflowing
        with that friendship tear

جاده

من بدان جاده شامگاهی میانم مرد در خاموشیها
به آوای گامهای خاطرات خویش گوش فرا میدادم
ناگور

جام بوسه

چو مهتاب سحرگاهان تنی داشت
بتن نیلوفری پیراهنی داشت
پرند دامنش چون جام گل بود
بدامن گرچه از گل گلشنی داشت
بجام بوسهٔ جامها آذرینش
شراب کهنهٔ مرد افکنی داشت

Last night
a songbird sang a thousand tunes
and I grew a thousand ears
not to miss a single note

می‌نویسم همیشه یاد توام
جای تو هر کجا روم خالیست
شهرها با تو روشنایی داشت
بعد تو جای زندگانی نیست

*

می‌نویسم اگرچه دور شدی
نقش روی تو در دل است هنوز
بازگرد از سفر که دیدهٔ جان
بدیدار تو مایل است هنوز

*

می‌نویسم که دوستت دارم
بارها بیشتر ز روز نخست

This time
> I will dance with nothing on

No barrier

The only thing that I wish to wear
> is moonshine

می‌نویسم همیشه یاد توام

جای تو هر کجا روم خالیست

شهر ما با تو روشنائی داشت

بعد تو جای زندگانی نیست

*

می‌نویسم اگرچه دور شدی

نقش روی تو در دل است هنوز

باز گرد از سفر که دیدهٔ جان

بخدا بر تو مایل است هنوز

*

می‌نویسم که دوستت دارم

بارها بیشتر ز روز نخست

Open any door
Then you can walk in

But when you open me
    I will walk in you

And we will both go places
    we have never been

همه با ناله و فغان گفتند	که سوار رفت و ما ماندیم

زن در آن صبح سرد زد فریاد	او به مبدا او رسید و ما ماندیم

او بسوی کمال و رفتن گذشت	ما در این وادی بلا ماندیم

او چو مرغان سبکبد و پرید	ما در این تیره راه جا ماندیم

چون ملک شد به آسمان پرواز	ما در این جام خاک راه ماندیم

ایکه هستی رهیست دلشاد	خنده سر ده که ما ماندیم

اول و آخر جهان این است	این چنین نیست که ما ماندیم

کرینه براز ماغ

We are at the Lover's Inn
Leave your name and your possessions at the gate

In the Lover's Inn
    all we recognize is
        music
        dance
        poetry

What you did
    is done
What you will do
    is not yet here

As sure as I am standing before you
    you will need your feet to dance
    your heart to make poetry
    and your eye to wink
Nothing else

تمجید از معلم خود

آنکه چون شمع است بین دوستان
سوی ما آید بطرف بوستان

همدم و همراز شاگردان بود
آشنا با درد مشتاقان بود

آنکه از هجران دلها طپید
آنکه لبخندش به تنها جان دمید

میدهد دستور اخلاقی به ما
تا رهاند جان ما را از بلا

آنکه درس نظم داده در کلاس
تا بپوشاند به تنها این لباس

این مساوات است شمع انجمن
غنچه بگشاید ز دیدارش دهن

ایضاً

شرم دارد این عروس فکر من
تا ز خوبیهای او راند سخن

We're all brewed from the same grape

Some become vinegar
And some become the finest wine

It's not the grape-maker
It's the wine-maker
    that makes the difference

چشمان پرفسون فریبای یار من

آتش ز مجمر گل سوری چو سر کشید

شد گونه‌های یار فراموش‌کار من

...•...

آن غنچه‌های نازکه نشکفته بُد هنوز

بر شاخه‌ها بسان لب سرخ رنگ او

شنگرف گون شقایق شعرآفرین باغ

خونین و سرخ همچو دهان قشنگ او

...•...

سنبل بناز سر بکناری نهاده بود

At the edge of light
    all shadows disappear

At the edge of the ocean
    all footprints will vanish

At the edge of love
    all differences will dissolve

At the edge of God
    all existence becomes light
        without shadows
        without thought
        without words
        without souls

    Just one light

آرام ز آشیان اسیران سفر کنم

تا کی بیاد دوست بزم خیال خویش

رنگین شراب شعر ز خون جگر کنم

تا غنچه ها ببوسهٔ نوروز وا شدند

خندید گل بساحت صحرا بهار شد

تا بر سرای گل بصفا پا گذاشتم

دیدم که وای، جمله نشانی ز یار شد

نرگس چو در حریر سفیدش شکفته شد

Have you ever heard
    the sound of a teardrop
        in the heart of a lover
    and souls trembling
        from the moaning of a broken heart?

Have you ever heard
    the sound of the smile
        that comes from the joy of union
            melting all resistance
            dissolving pain?

Have you ever heard
    the candle saying
    'For this light I must burn to my last drop'?

Live to hear this
For that is the only music of life to live for

ما جانهٔ ظلمات بیکباره دریدیم

نبود اگر عشق ز دیدار طپیدن

از وصف کمالش همه گفتیم و طپیدیم

کاش تن خاکی که براد غبار زما شد

ایکاش ببینیم از این لانه جهیدیم

خوبان جهان بر در او سجده نمودند

ما آمده از سجده به تعظیم خمیدیم

بیگانه چو با دوست بیک خانه نگنجد

The most beautiful painting in the world
    cannot reveal its beauty without light

Light comes from burning

But when you're showing a beautiful painting of life
    the only light that can reveal that painting
        is your smile

با حسن چنان که از آن دوست شنیدم

با خرقه سیه کرده چو از قافله ماندیم

بر جستن راهی شب و روز دویدیم

از هیچ گدا خود نرسد دست بزلفش

ناچار بجان باده به پیمانه خریدیم

بر کاشته باری ثمری داد که چیدند

با خون دلی بود از آن دانه که چیدیم

چون غنچه اگر حسن شود جامه دریدن

I saw you dancing last night

You thought you were alone
    but I was moving in and out of your heart
Tried to stabilize my emotions
    from entangling with your waving hair
I rested my hand on your hip
    to calm you down from the hurricane
        that was brewing from your waist
The steps you took
    and the way you looked
        swept me off my feet

Even though you thought you were dancing alone
    I was with you all night long

در این اندیشه‌ام که گر باران ببارد   خدایت بیم بخواهد

ز آن بیقراریها دوباره

ز آن آه و زاریها دوباره

دوباره آن گوشهٔ ده که دور است

ز آن رنجهای بی شماره

...

بیاد آرم و حالت را   و مرگی را که همچون زندگی بود

هزاران رنگ اندوه   هزاران درد جانکاه

که جانم را بفرسود و بفرسرد   دلم یکدم نیاسود

These tears you see on my face
    are not the signature of loneliness
I left loneliness on the corner of my last breath

What you see on my face are the dewdrops
    that every morning you see on the face of a flower
        that has gone through a cold night
      and will disappear in the daylight
What you see on my face is not a tear
    but the rain that has come from the stormy past

If my sleeve is wet
    it is not from the fallen tears
It is from the hurricanes I have walked through
God knows
    I will never be able to live without them

نیش یا نوش

را این مژده دادی ز راه دور

که تا پاییز دیگر اگر باران ببارد خدایت هم بخواهد

دگر بر دانه گندم بهشت است

هزاران دانه زرین بیارد

دوباره دست یکدیگر بگیریم

دوباره زندگی از سر بگیریم

...

و من اینجا در این خلوتگه دور

Life is the most expensive commodity you have

The price of living
    is dying one day at a time
Make a change
Live one day at a time

If you're not near an ocean
    make the best of a teardrop
If you are not looking at a beautiful garden
    become the source of blossoms
If you are not near the Beloved
    close your eyes
    open your heart
You shall be the light that guides the Beloved to you

There are many 'ifs' in your life
The less of them you do
    the more life becomes palatable

Live this most expensive commodity
    with all that you have
Every day . . .
Every day . . .
Every day . . .

ترا آزاده کرد این حق روا کن

دگر بنگر سخنهای رضاشه

بگفتا سوی حق رو رو خدا کن

اگر پرده ز روی تو جدا کرد

بگفتا جامه را باد صبا کن

بگفت آزاد مرد پهلوی این

ز چادر بگذر و عفت قبا کن

در این روز پر از سور و پر از عیش

Some trails I have traveled
    were never level
Some trails were level
    and always shining
And some trails
    rainy and muddy
    all day, every day

But this is the only way to learn
    how to travel
        alongside wisdom

آزادی زن

بیا ای زن درفش خود بپا کن
چنین آزادگی را با صفا کن
تو زن باشی زن ایران زمینی
چرا بنشسته‌ای؟ عهدت وفا کن
از آن دلبستگی های دل خویش
گذر کن دل ز مد برکن جدا کن
شهنشاه عزیز پهلوی بین

I asked for one kiss
You gave me a hundred

I asked for love
You gave me a thousand-fold

I asked for your guidance
You gave me the light to see everywhere

I asked for a prayer
You became my friend
    held me in your arms
    and gave me strength

Nowadays
I ask for nothing

When I have received your love
    and your strength
Nothing more can I ask for

نشنیدی سخن ساز مرا

۵

تو بدنبال هوس بودی و من

در تو احساس و صفا میجستم

تو سرشتت ز جفا بود و خطا

من عبث از تو وفا میجستم

۵

چشم تو گرچه بسی زیبا بود

دیدهٔ قلب تو نابینا بود

معنی عشق نمیدانستی

When I look at you
I remember the birth
        the nest
        the flight

When I look at you
I see myself in awe of your unseen beauty
     and the whisper of peace

When I look at you
I remember me totally engulfed
     in your mercy

When I look at you
Love comes home

نشنیدی سخن ساز مرا

تو به دنبال هوس بودی و من

در تو احساس و صفا می‌جستم

تو سرشتت ز جفا بود و خطا

من عبث از تو وفا می‌جستم

چشم تو گرچه بسی زیبا بود

دیدهٔ قلب تو نابینا بود

معنی عشق نمی‌دانستی

You are the one

You are the cup of life
I want to drink out of you

You are the light
I want to see everything with you

Yes
You are the love
    I want to dissolve in
        never to be seen again

You are the only one

When you enter me
    I will become
        love

ماه بود و زهره بود و آبشار

*

پس کجا شد مهر هستی‌بخش تو

خود نگفتی عشق جاوید منی

ای که دل بردی و جان یکجا اختی

خود نگفتی نور امید منی

*

آه، یارب پس چه شد پیمان او

او که قلبی خالی از نیرنگ داشت

او که چون گل پاک بود از هر گناه

Your gentleness resembles a falling tear
Your songs bring messages from the heart
Your truth is like a hurricane
      that shakes all weaknesses
      and rises with lightening speed
      and carries the essence of peace at its very center

And when you are gone
      you leave behind a greater realization

مهرآفرین

آه! ای محبوب مستی آفرین

ایکه با جان و دلم آمیختی

ای امید زنده مهر آفرین

پس چه شد از من چو جان بگریختی

آن شب زیبای* پرنور بهار

یاد داری در کنار جویبار

شاهد سوگندهای عشق تو

I kept whispering
You said
    'Not so loud'

I finally understood
    that this conversation
    cannot embrace words

Now I am quietly
    embracing you

بخدا زادهٔ رنج و تعبم
تو که سرچشمهٔ ناز و نوشی
رحم کن تشنه دل و تشنه لبم

لعبت ترکی

آغوش برف

بیچاره من که کشتهٔ عشق و محبتم
در هیچ سینه شور محبت ندیده ام
پیچیده بانگ عشق در این شهر و این عجب
تنها منم که بانگ محبت شنیده ام

I long for a song
    from so long ago
    that purity was as sweet
    as stories I have felt
I have heard that a song of love
    could carry lovers forever

I know where I am going
    but play me a song
    from where I have come
Nothing so dear to me
    than breath from a heart
        moaning through a flute

که بسوی تو کشانند مرا
گر نیائی و مرا ترک کنی
به نگاه تو قسم نیست مرا

چار دیوار ریا را بشکن
که ز عشق تو صفا میخواهم
خود که پس از آنهمه رنج
دگر این عشق چرا میخواهم

تک نهالی به کویر تقدیر

Last night on my way to sleep
I met a tear from joy
    born in the heart
    and raised beyond my eyes from laughter

We had such a beautiful greeting
    that love had to be put on hold
We conversed all night
    until the darkness gave up its hold on us
    and surrendered to the rising sun
Finally
My friend, tear
    evaporated
        and I fell asleep

چشمان پر فسون فریبای یار من

آتش ز مجمر گل سوری چو سر کشید

شد گونه های یار فراموش کار من

•••

آن غنچه های ناز که نشکفته بُد هنوز

بر شاخه ها بسان لب سرخ رنگ او

شنگرف گون شقایق شعر آفرین باغ

خونین و سرخ همچو دهان قشنگ او

•••

سنبل بناز سر بکناری نهاده بود

In a conversation
when both people are intensely involved in listening
and no one is talking

They are in love

آرام ز آشیان اسیران سفر کنم

تا کی بیاد دوست بزم خیال خویش

رنگین شراب شعر ز خون جگر کنم

•••

تا غنچه‌ها ببوسهٔ نوروز واشدند

خندید گل بحت صحرا بهار شد

تا بر سرای گل بصفا پا گذاشتم

دیدم که وای، جلوه نشانی ز یار شد

•••

نرگس چو در حریر سفیدش شکفته شد

Those who do not know of love
    know nothing of this life

Those who know love
    need nothing of this life

گمان برده بودم جدائی تو

نگاهی بمن کردی و سوختم

چو شمعی ز مهر تو افروختم

محبت صفا از تو آموختم

همان لحظهٔ آشنائی تو

گمان برده بودم جدائی تو

تو عشق آفرین بلبل گلشنی

جدا از من و روز و شب با منی

If I hold you in my teardrop
    you will be as precious as a newborn
If I hold you in my heart
    I will champion your loveship
If I hold you beneath me
    you will lift me to the heavens

If you hold any bit of me
    I will disappear in absolute freedom

What did I ever lose to surrender to you?

شور رقص

گر بار دیگر یک لحظه برخیز　　شراب آتشین در جام جان ریز

چو بزم ما تهی از شور مستی است　　برقصی دلبرا شوری برانگیز

بسر دوش شفقی

خدای وفا

شنیدم از اینجا سفر میکنی

تو آهنگ شهر دگر میکنی

خیال مرا از سر بدر میکنی

همان لحظهٔ آشنائی تو

I bring my heart
You bring the fire
And every lover is invited

A deep burning
    is all I have
        to share

Let's get burning

بگو زین پس دگر هرگز بدل شوقم نمیداری

که خالی گردد از شوقت دل و درد آشنای من

تو پنداری که گر ترک من آشفته سر سازی

ز عجز و نا امیدی بر سر کوی تو میمیرم

غرورم چون شکستی عشق تو پر میکند جایش

و یا از نامرادی دامن عشق تو میگیرم

منم نیلوفر آبی که هر جا آب میبیند

بلب لبخند بنشاند میان آب بنشیند

I have dawn in my heart
and sunset in my future

Who cares what happens in between

ز جا برخیزد شاهنشه دعا کن

ژاله نظری

خشم عاشق

بگو دیگر نمیخواهی مرا تا راه خود گیرم

بگو زین پس نمیجوئی مرا تا دیگری جویم

بچشم خشمگین منگر بسوی من که میسوزم

بگو بیزاری از دیدار من تا ترک تو گویم

بخشم آلوده میسازی نگاه دلفریبت را

ولی هرگز نمیگوئی ز خشم خود خطای من

When lovers moan
    they are expressing feelings that no words can
Their every move has wings
They breathe with one mouth between them
It is a concert with many hands
    and one harp

With this intoxication
    there is no soberness
For there is no return from love
And no love ever dies

اگه خورشید را کشتی تو مردی

٭

دو چشمش مثل برق پاییز هیزه

نگاهش چون بهاران مشک ریزه

ولی افسوس ... لبهاش سردی

بمانند نسترن مرگ خیزه

مهدی نوش‌آذر

بیگانه

بیگانه: دست از سر تبدار من بشوی

عشق ترا تحمل این شعله پاره نیست

The longest distance between two lovers

is a heartbeat

همه گلهای امیدم فسرده

(دلم) پائیز و برگش دوست داره

مه و باد و تگرگش دوست داره

ولی دل از درون سینه گوید

زمستون طرح مرگش دوست داره

زمستانا تو بی اندازه سردی

تو با ما و طبیعت در نبردی

ضعیفانرا کشی با سردی خویش

Speak to me from the heart
How else can I get close to you?

Sing me songs from faraway distances
    so I could travel with peace and understanding
Touch me like you touch a musical instrument
    so I could be in tune with the music of life
Bring me wine made out of tears
    so I could taste the loneliness
        of the ones left behind

Finally
Bring me a rose
    so I could have a companion
        to speak freely with

مهربان مادر وظیفه‌شناس   کرده از او مواظبت شبها

وقف فرزند کرده عمر عزیز   کاین چنین است مادر دانا

تا که این طفل خرد گشت بزرگ   شد جوانی دلاور و رعنا

چشم مادر بروی او روشن   دل او مظهر امید و صفا

روزی از راه حق‌شناسی گفت   مادر پیر را ز مهر و وفا

کای تو محبوب جاودانی من   خالق ثانیم ز بعد خدا

نیک دانم چو بهر خاطر من   محنت و غم کشیده‌ای بسزا

از سر شب تا سپیده صبح   خوانده‌ای پیش چشم من لالا

Some people climb mountains
     to get to the top

We sit together
     shoulder to shoulder
     and heart to heart
Instead of climbing

And we will never descend from the top

چشمی که پر ز خنده شادی بود — تاریک و دردناک و غم آلود است

جز سایه ملال به چشمت نیست — آن شعله نگاه پر از دود است

آرام خنده می‌زنی و دانم — در سینه‌ات کشاکش طوفان است

لبخند دردناک تو ای مادر — سوزنده‌تر ز اشک یتیمان است

ابوالحسن ورزی

آرزوی مادر

مادری مهربان و بی‌همتا — داشت طفلی عزیز و مه‌سیما

همه شب دوخته به چهره او — تا سحرگه دو نرگس شهلا

بود چون جان از پدر محروم — غیر او کس نداشت در دنیا

Be like birds
The only time they sing
    they sing songs of happiness
And the only time you open your mouth
    should be to incite inspiration

You could laugh to inspire
        cry to inspire
            shout and show your anger to inspire

There are a million ways to kiss the ground
    and be grateful for your very existence

You have a very poor understanding of life
    if the only place to get inspiration
        is a rose garden
Just look around you with deeper meaning
Every one of us can **create** a rose garden

Close your eyes and look in
There you can see roses
    you have never seen before

Look! Look!
There are roses imitating frogs
                birds
                      young children
                          and cabbages

گر طفل دل ز خواب خوش خویش بگذرد

از کف دهی تو فرصت جنگ و ستیز را

آنگاه در میان گریز سیاه عشق

بر روی سنگریزهٔ غم مینشاندت

۲ —

بیدار باش تاکه دلم خفته بیخبر

در پیش دیده گیر تو راه گریز را

بیگانه: رحم کن بخود بر جوانیت

سودای تلخ عشق من از دل جواب کن

I can't do it all by myself
Too old to move
Too young to quit
Nothing can stop this heart
    from looking toward you

Enough is never enough
    for this hunger to share
    a fresh breath with you
Yes, you

You are the star in my eyes
    and love in my heart
And my dream
    is to share my last breath with you

بهر دلم که ظلمت خاموش عالم است

در هفت آسمان خدا یک ستاره نیست

بیگانه: همچنانکه ز بیراهه آمدی

برگرد و عشق یار دگر آرزو نما

بیگانه: مهر من بدل خویش راه مده

برگرد و راه شهر هوس جستجو نما

بیگانه: هرگز از خطر دل امان مباش

او همچو چشمه بجوشش میکشد ترا

I have slowed down a lot
In some corners of life
    I can hardly stand up

Yet
My heart beats just as fast
    for loving

*

ای سفر کرده نازنین یارم — بی تو غمگین و بیقرارم من

پر شکسته فسرده خاموش — چون پرستوی بی بهارم من

*

ای سفر کرده نازنین یارم — بهر من آرزوی دیرینی

آری آری هنوز هم بخدا — چلچراغ امید پروینی

*

ای سفر کرده نازنین یارم — بی تو هستی مرا چو زندانیست

حاصل عمر کوتهم به خدا — غصه و حسرت پریشانیست

*

ای سفر کرده نازنین یارم — باز هم دل پی تو پر گیرد

بی تو ای عشق جاودانه من — شاپرک کوچک تو میمیرد

پروین صمد آقازاده

As my love grows greater
    and my feet get older
I must abandon traveling from place to place
And take up traveling from heart to heart

آتش افروز

سراپا اشکم و افغانم و سوز

چه میخواهی دگر ای آتش افروز

بغیر از تو دیگر حاجتی نیست

که من از دوریت میمیرم امروز

محمد علی بهمنی

چلچراغ امید

ای سفر کرده نازنین یارم   باز هم در غم تو میسوزم

در تمنای دیدن رویت   خیره بر ماه دیده میدوزم

This is for those who have danced before us
    and those who will dance after we're gone

Never feel responsible for the motion of your feet
Never capture a dancing heart

Let the earth turn as it will
But never stop dancing
    above this illusory world

چشمان پرفسون فریبای یار من

آتش ز مجمر گل سوری چو سر کشید

شد گونه های یار فراموش کار من

•••

آن غنچه های ناز که نشکفته بُد هنوز

بر شاخه ها بسان لب سرخ رنگ او

شنگرف گون شقایق شعرآفرین باغ

خونین و سرخ همچو دهان قشنگ او

•••

سنبل بناز سر بکناری نهاده بود

For everlasting proof of my love
I can only give my heart
    wrapped with the life
        which I have lived to see you

آرام ز آشیان اسیران سفر کنم

تا کی بیاد دوست بزم خیال خویش

رنگین شراب شعر ز خون جگر کنم

...•...

تا غنچه‌ها ببوسهٔ نوروز واشدند

خندید گل بصحن صحرا بهار شد

تا بر سرای گل بصفا پا گذاشتم

دیدم که وای، جمله نشانی ز یار شد

...•...

نرگس چو در حریر سفیدش شکفته شد

When I die and become dust
I wish the storms of life to pick up my remains
    to spread me over the rose gardens
That is where my final place of rest must be

And if a rose comes out of my dust
    give it to an orphan
Let him smell the aroma of real life
Make him smile

چشمان پرفسون فریبای یار من

آتش ز مجمر گل سوری چو سر کشید

شد گونه‌های یار فراموش‌کار من

آن غنچه‌های نازک نشکفته بُد هنوز

بر شاخه‌ها بسان لب سرخ رنگ او

شنگرف گون شقایق شعرآفرین باغ

خونین و سرخ همچو دهان قشنگ او

سنبل بناز سر بکناری نهاده بود

Don't move too quickly
Be careful not to step on my teardrops

Don't make a fist
You're holding my heart in your hand

Whisper to me softly
I've never been that far away

My life story is so long
    it will take a lifetime to tell
But it can be expressed in one wink
    wrapped with a smile

Whatever I was, am and will be
    is yours
    just for asking

No more tears left
Take me

You shall never leave me again
For I have become the tapestry
    that makes you, me and all the rest
The seed to eternity

Now let us ponder and shine on this

آرام ز آشیان اسیران سفر کنم

تا کی بیاد دوست بزم خیال خویش

رنگین شراب شعر ز خون جگر کنم

تا غنچه ها ببوسهٔ نوروز وا شدند

خندید گل بسمت صحرا بهار شد

تا بر سرای گل بصفا پا گذاشتم

دیدم که وای ، جمله نشانی ز یار شد

نرگس چو در حریر سفیدش شکفته شد

Moments before I die
    lean over and kiss me

And say 'hello' for the last time
    ~ not good-bye

همه با ناله و فغان گفتند — سحر وقت رفتن و ما ماندیم

زن در آن صبح می‌زدم فریاد — او به مبدا او رسید و ما ماندیم

او بسوی کمال و رفتن گذشت — ما در این وادی بلا ماندیم

او چو مرغان سبک بُد و بپرید — ما در این تیره راه جا ماندیم

چون ملک شد به آسمان پرواز — ما در این جام خاک راه ماندیم

ایکه هستی رهیست دلشاد — خنده سر داده که ما ماندیم

اول و آخر جهان این است — این چنین نیست که ما ماندیم

گرینه پور از ماخ

In closing
    let us stay open

May our beings find refuge
    in each other
Beyond our last moment

www.ingramcontent.com/pod-product-compliance
Lightning Source LLC
Chambersburg PA
CBHW052029070526
44584CB00016B/1964
9781645520030